DEUTSCH

für die 1.Klasse

Schwager & Steinlein

Namenwörter

Jedes Namenwort wird am Anfang groß geschrieben. Ein Namenwort kann eine Sache oder ein Lebewesen sein.

Verbinde jedes Bild mit dem passenden Namenwort durch eine Linie.

Ball

Reh

Wolke

Löwe

Fisch

Schreibe alle Namenwörter noch einmal auf.

Welche Namenwörter gehören zu einem Garten?
Unterstreiche die passenden Wörter und streiche die falschen durch. Male das Bild bunt aus.

Kirschen Auto

Fernseher Igel Bett

Marienkäfer Vogel

Sonne

Schreibe alle Namenwörter noch einmal auf.

Namenwörter und ihre Begleiter

Jedes Namenwort hat einen Begleiter: der, die oder das.

Male immer zwei zusammengehörige Schildchen in derselben Farbe aus.
Ziehe von jedem Namenwort einen Strich zu seinem Bild.

der	Brezel
das	Teddy
die	Haus
die	Buch
das	Taschenlampe
die	Giraffe

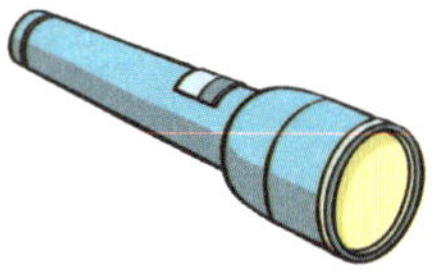

Schreibe vor jedes Namenwort den richtigen Begleiter.

Es ist Sommer. _ _ _ Freibad hat geöffnet.

_ _ _ Wiese ist voll von Menschen.

Viele Mädchen und Jungen schwimmen im Wasser.

_ _ _ Bademeister achtet auf die Kinder.

Schreibe zu jedem Bild das Namenwort und verbinde es durch einen Strich mit seinem Begleiter.

die

B

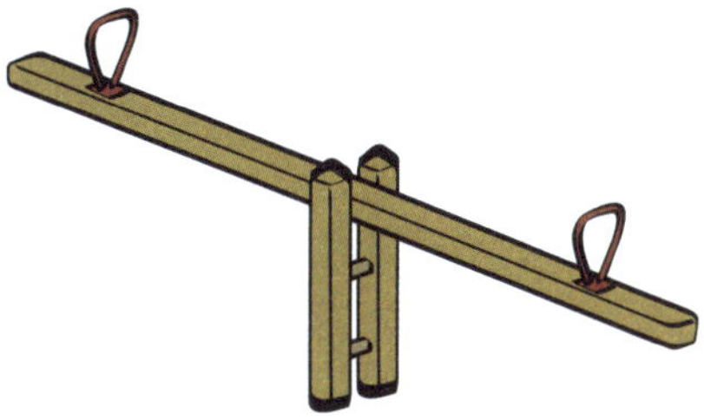

W

das

die

Sch

der

F

Rätsel

Was trinken Kinder im Sommer besonders gern? Löse das Rätsel und schreibe das Lösungswort auf die Linien. Welcher ist sein Begleiter?

Teekesselchen

Beim Teekesselchen-Spiel hat ein Wort zwei Bedeutungen. Trage das richtige Namenwort in die Zeilen ein.

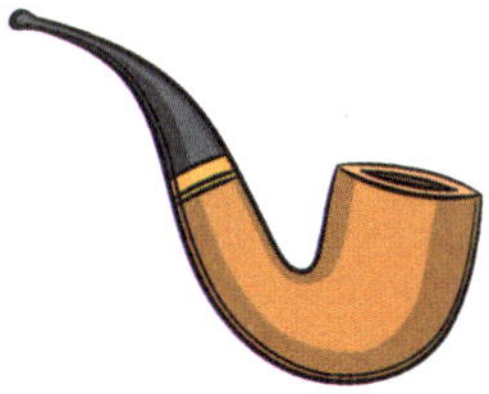

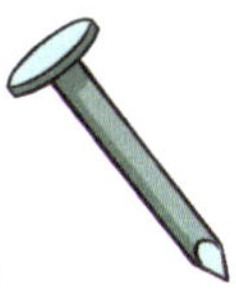

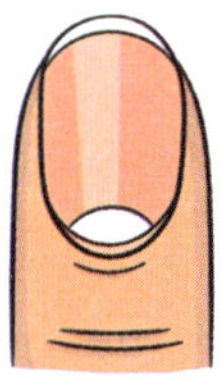

Tuwörter

Tuwörter werden klein geschrieben. Sie zeigen das an, was jemand tut.

Was tut ein Bauarbeiter? Kreuze die Sätze mit den passenden Tuwörtern an.
Male das Bild bunt aus.

☐ Er sägt.

☐ Er hämmert.

☐ Er fliegt.

☐ Er schraubt.

☐ Er weint.

☐ Er bohrt.

Auch ein Lernmonster ist manchmal ein Handwerker! Schau dir das Bild genau an.
Setze dann das richtige Tuwort und das richtige Namenwort in die Lücken.

Es ____________________

mit dem ____________________.

Streiche immer ein unpassendes Tuwort in jeder Reihe durch.

springen	laufen	kriechen	~~riechen~~
rechnen	schlecken	schreiben	malen
trinken	essen	mampfen	futtern
rufen	sprechen	suchen	flüstern

Was tun die Lernmonster?
Schreibe das Tuwort auf die Linien.

Sie ____________________.

Tuwörter

Setze die Tuwörter so in die Lücken ein, damit ein richtiger Satz entsteht.

riechen | schlecken | trinken | suchen

Das Reh ____________ an einer Rose.

Die Kinder ____________ am Eis.

Der Esel ____________ aus dem Eimer.

Das große Lernmonster ____________ das kleine Lernmonster.

Jedes Tier macht ein Geräusch. Doch welches Geräusch gehört zu welchem Tier? Schreibe immer zwei Sätze zu jedem Tuwort.

bellen

Der Löwe brüllt.

Der Löwe kann brüllen.

summen

brummen

~~brüllen~~

singen

Rätsel

Was tust du im Badezimmer? Füge zu jedem Namenwort ein Tuwort hinzu.
Die Bilder helfen dir beim Raten.

Hände  ______________________.

Nägel  ______________________.

Zähne 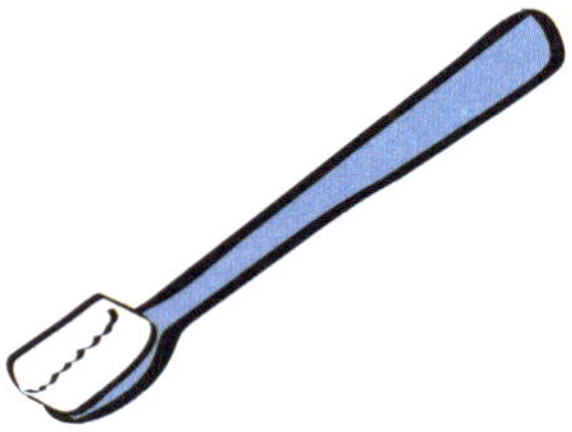 ______________________.

Haare  ______________________.

Ersetze die Bilder durch die Namenwörter und verbinde sie mit den Buchstaben davor und dahinter. Welche Tuwörter ergeben sich? Schreibe sie auf die Linien.

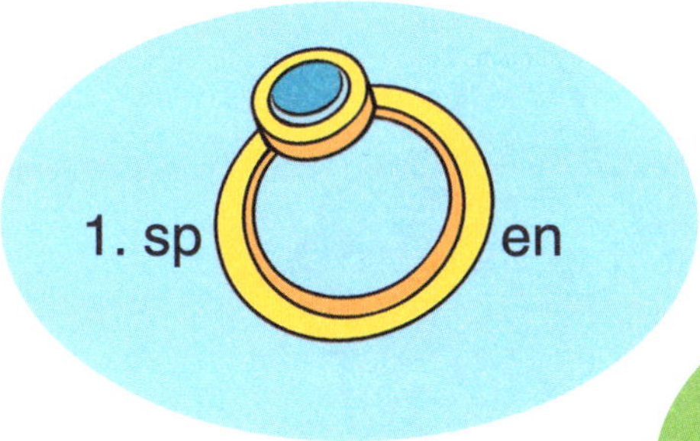

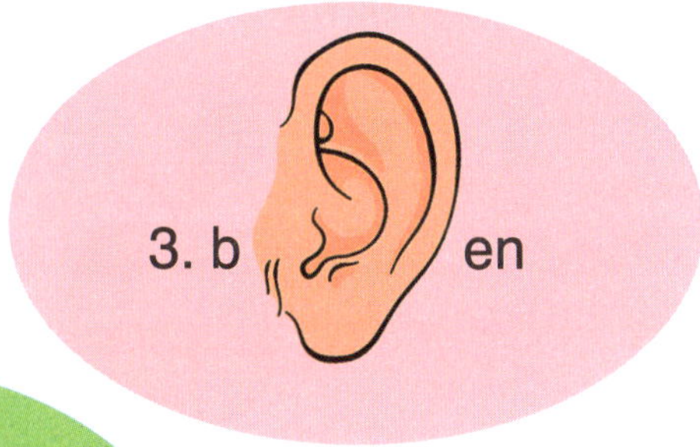

Lösungswörter:

1.

2.

3.

4.

5.

Wiewörter

Wiewörter werden klein geschrieben. Sie beschreiben, wie eine Sache oder ein Lebewesen ist.

Lies die Sätze und unterstreiche die Wiewörter darin.

Der Apfel ist grün.

Der Clown ist fröhlich.

Der Koffer ist schwer.

Der Ofen ist warm.

Welche Farbe hat das Lernmonster?
Schreibe das Wiewort auf die Linien.

Finde das passende Wiewort zu jedem Bild und schreibe es auf die Linien daneben.
Streiche jedes benutzte Wort in der oberen Reihe durch.

salzig langsam hell heiß leicht scharf

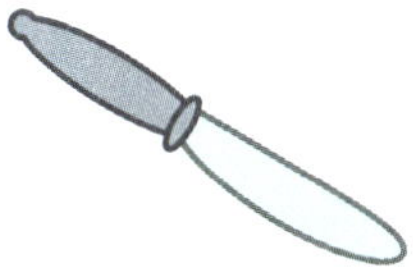

Was für ein langer Satz! Trenne jedes Wort mit einem Strich.
Welches sind die Wiewörter? Schreibe sie noch einmal auf die Linien.

DAS/LERNMONSTERISTFRÖHLICHWEIL
ESEINENROTENLUFTBALLONHAT.

Gegensätze

Zu jedem Wiewort in einem farbigen Ballon gibt es ein Wiewort in einem weißen Ballon, das genau das Gegenteil bedeutet. Suche die Paare. Male die weißen Ballons so aus, dass jedes Paar die gleiche Farbe hat.

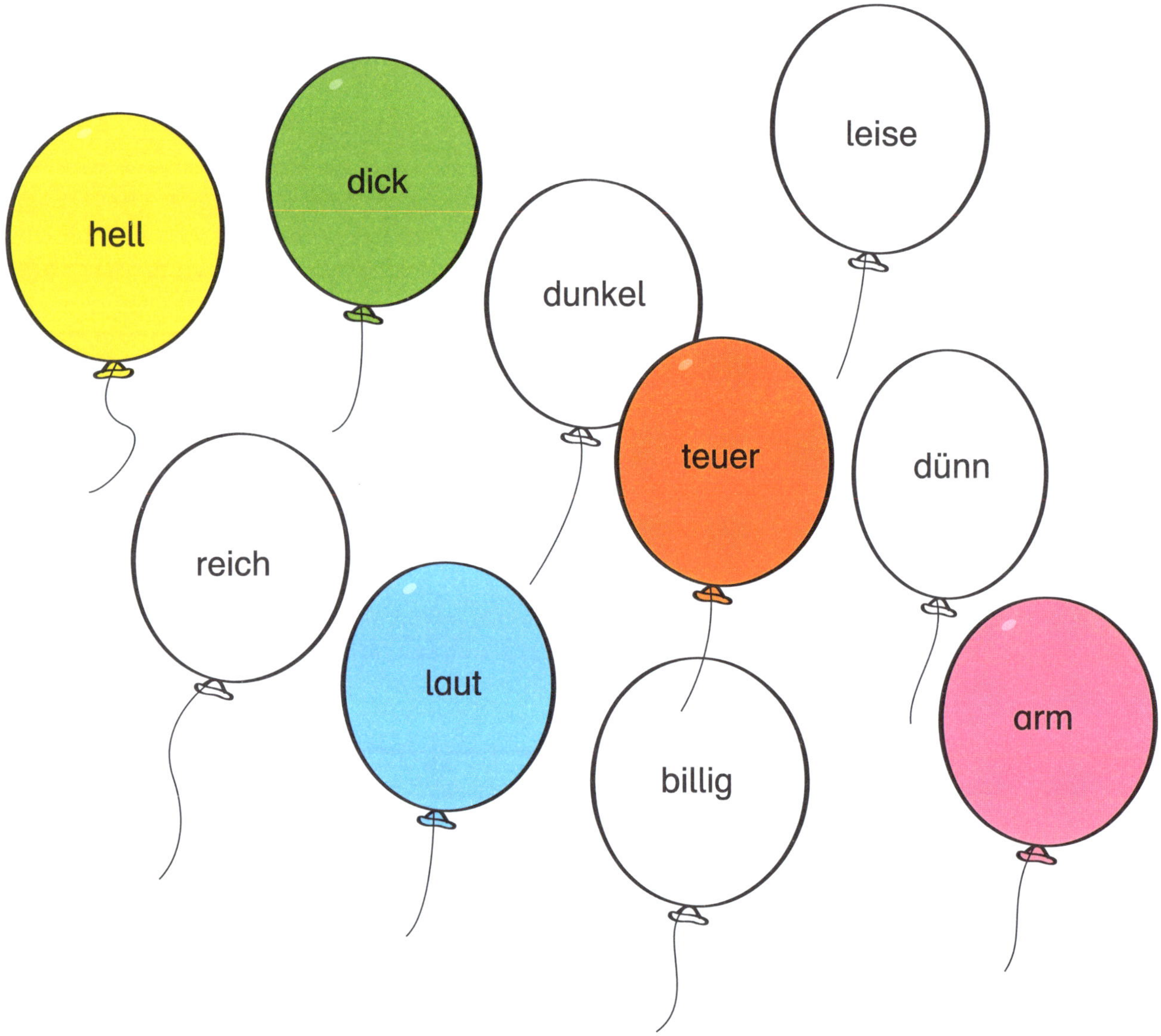

Fällt dir noch ein Gegensatz ein? Sieh dir die beiden Lernmonster genau an. Was fällt dir auf? Trage zwei Wiewörter ein.

Schreibe immer das gegensätzliche Wiewort auf die Linien.

langsam

gut

warm

hell

neu

Wo stecken die Wiewörter krank, frech, lieb und müde? Suche von oben nach unten und von links nach rechts. Kreise die Wörter ein und schreibe sie noch einmal auf die Linien.

K	E	K	L	F	G
R	Ä	D	I	M	S
A	F	R	E	C	H
N	B	G	B	K	L
K	A	L	M	A	W
I	M	Ü	D	E	L

Rätsel

Schnüre immer ein Paket aus zwei Silben zusammen.
Schreibe das vollständige Wiewort hinein.

hung sau sal sau

rig zig

ge fröh lus

er tig sund

wert

voll lich ber

Hilf den Lernmonstern, das Rätsel der Buchstabensuppen zu lösen!

Es ist ein Begleiter.

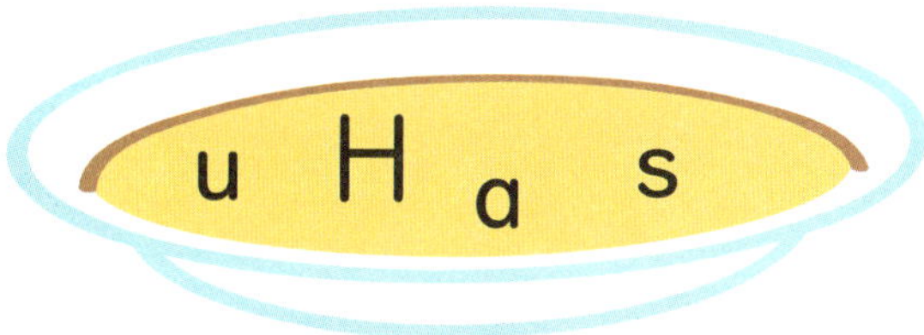

Es ist ein Namenwort.

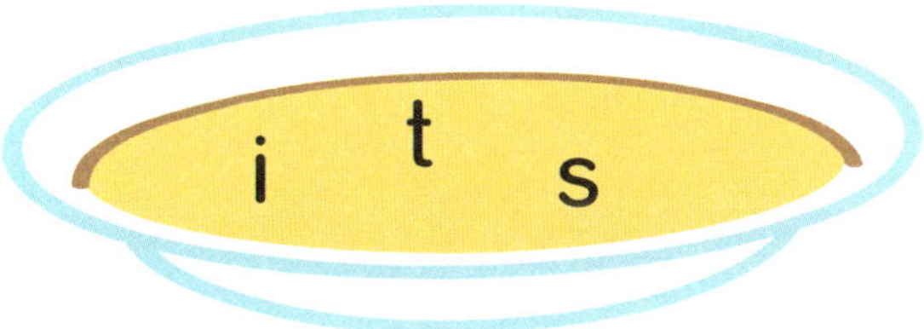

Es steht bei einem Wiewort.

Es ist ein Wiewort.

Gut gemacht! Jetzt kannst du das Bild ausmalen.

Selbstlaute

Die Laute a, ä, e, i, o, ö, u und ü werden Selbstlaute genannt.
Schreibe unter jedes Bild nur die Selbstlaute des Wortes auf.

Löwe

Pilz

Giraffe

Würfel

Bär

Igel

Da fehlt doch was! Ergänze die richtigen Selbstlaute.

T__sch

Br__z__l

R__g__nw__rm

Br__tch__n

Sprich das Wort zu jedem Bild laut aus. Schreibe die Selbstlaute auf.
Welche Wörter haben nur einen Selbstlaut? Kreuze an.

Male alle Selbstlaute aus.

A B F T M

E H I U P

I S O A X

Mitlaute

Alle Laute, die nicht zu den Selbstlauten gehören, werden Mitlaute genannt.

Das Lernmonster möchte für sein Abendessen Mitlaute angeln. Finde alle Mitlaute und male sie bunt aus.

Welche Mitlaute fehlen? Trage in die Lücken ein.

__uten Appe_i_!

Schreibe die Wörter zu den Bildern auf
und unterstreiche alle Mitlaute.

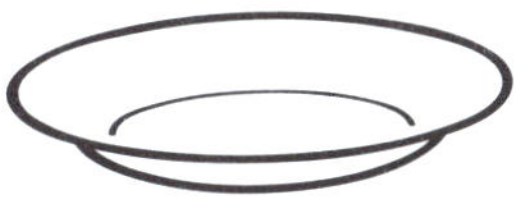

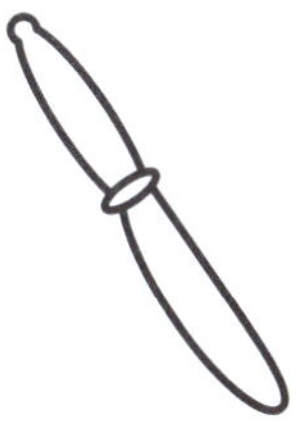

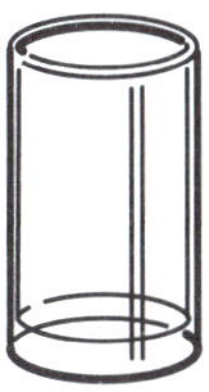

Rätsel

Schreibe zu jedem Bild das Wort mit seinem Begleiter auf. Ändere den Mitlaut am Anfang des Wortes und schreibe das neue Wort daneben auf.

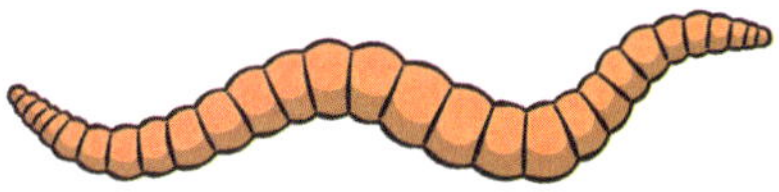

~~W~~=T

~~H~~=Z

~~S~~=K

~~H~~=V

~~R~~=H

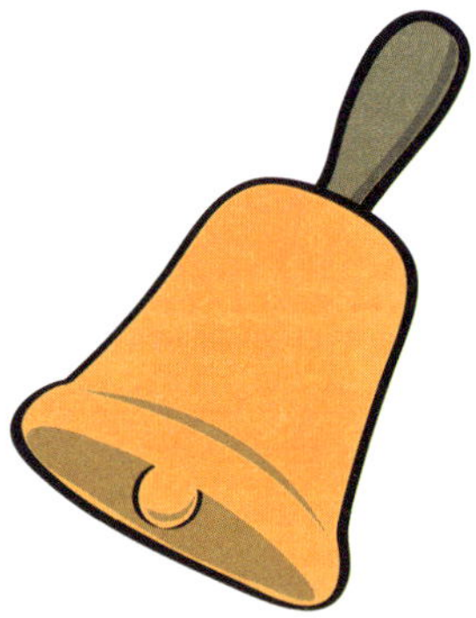

~~G~~=F

Lösungswörter:

Der Wurm

Der Turm

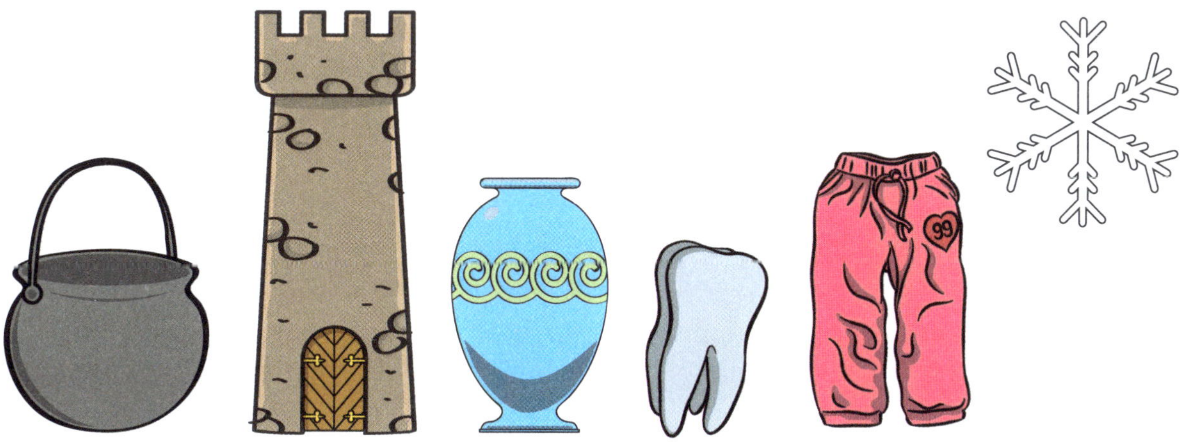

Zusammengesetzte Wörter

Suche immer ein gelbes und ein grünes Puzzleteil, die zusammengehören.
Schreibe die neu zusammengesetzten Wörter auf die Zeilen.

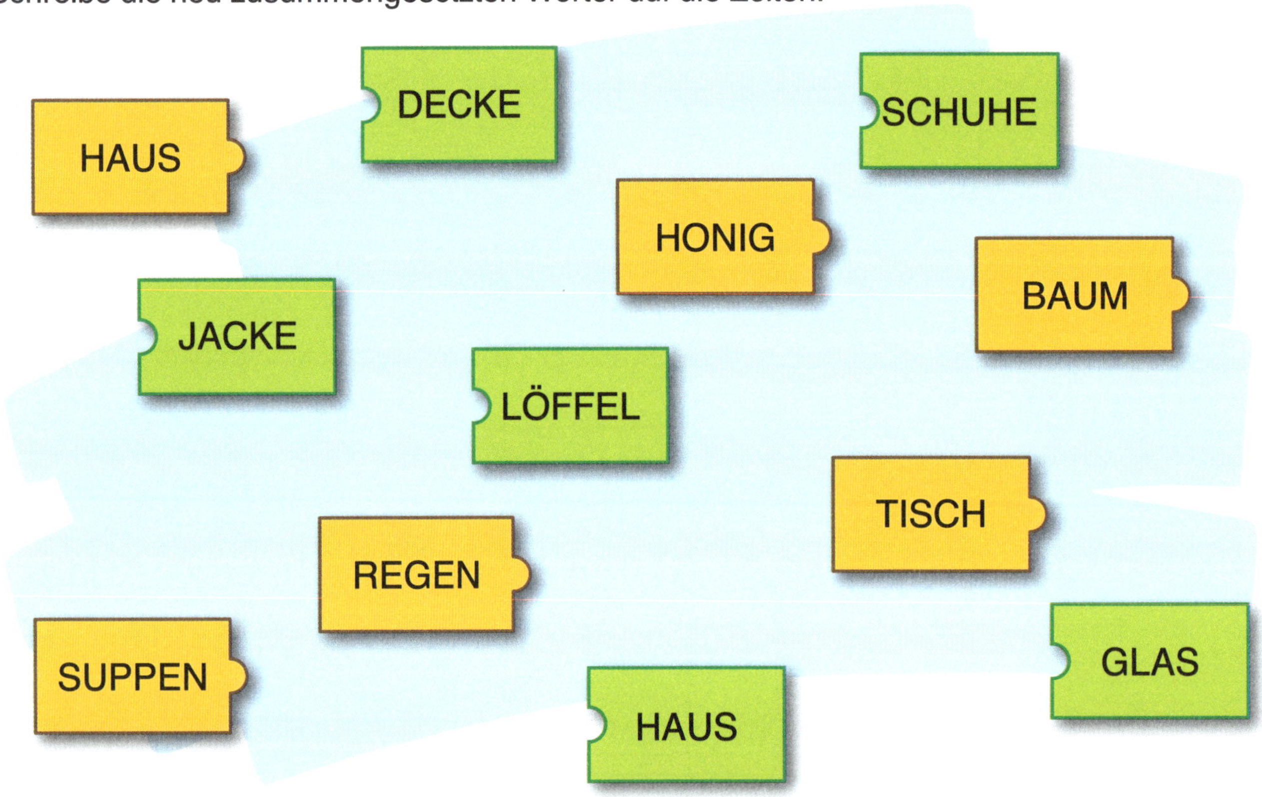

Schreibe unter die Bilder das zusammengesetzte Namenwort.

 + 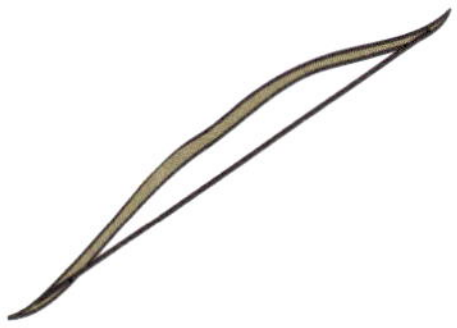

  + 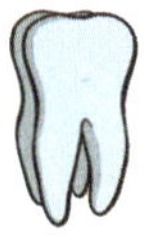

 + 

 + 

 + 

Zusammengesetzte Wörter

Wie heißt das vollständige Namenwort? Ergänze die Lücken.

Regen

Haus

Zirkus

Gold

Salz

häuptling

Garten

Segel

Welches Wort wollen die Lernmonster zusammensetzten?

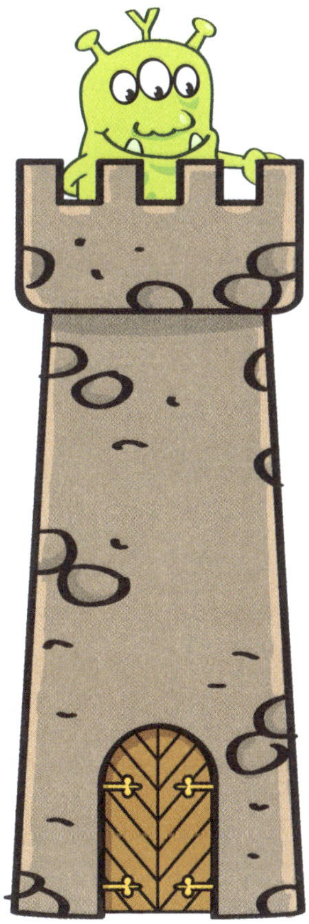

Rätsel

Weißt du, wie die zusammengesetzten Wörter heißen? Schreibe das Lösungswort auf die Linie.

1. Eine Gabel für den Kuchen.
2. Eine Kette am Fahrrad.
3. Eine Dose für den Zucker.
4. Eine Leine für Hunde.
5. Ein Schloss für das Fahrrad.
6. Eine Suppe aus Gemüse
7. Ein Becher für Eier.

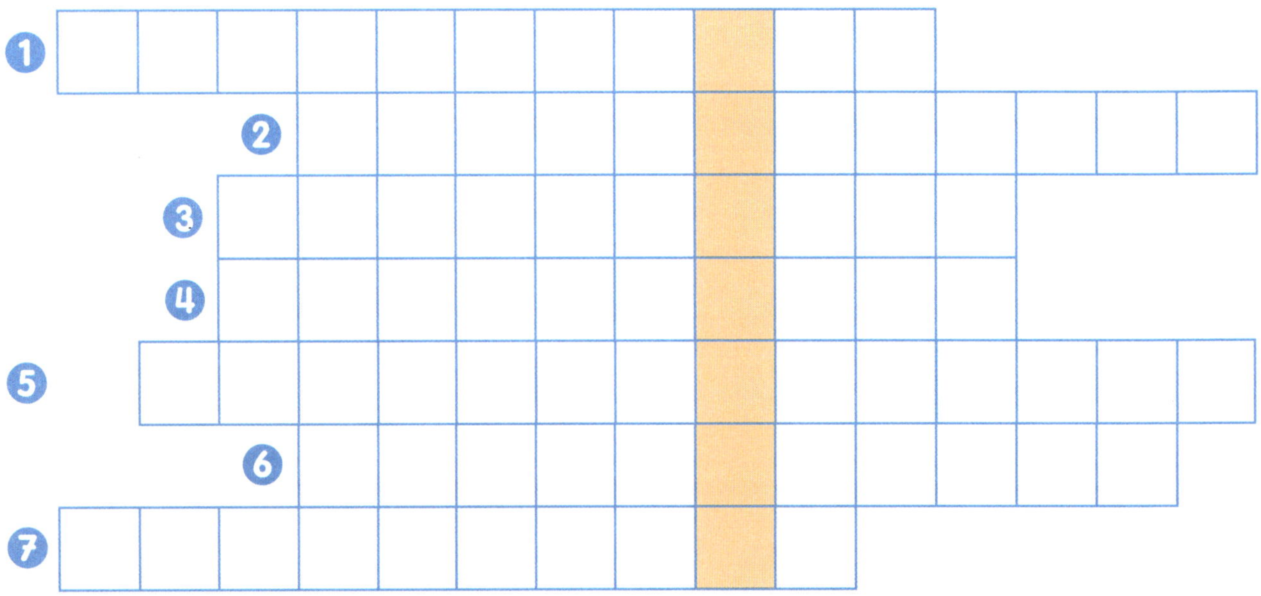

Lösungswort:

Nanu, diese Wörter gibt es doch gar nicht! Trenne sie und setze sie neu zusammen.
Wie lauten die Wörter richtig? Schreibe sie auf.

Spinnenball

Kuhstuhl

Tintensaft

Fußglocke

Tomatenfass

Schaukelnetz

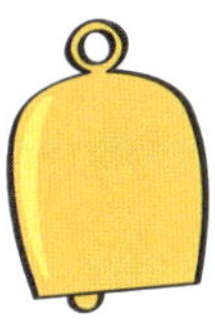    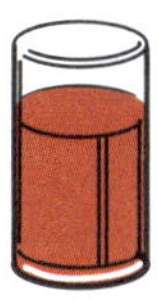 

Anlaute

Der Anlaut ist der erste Laut in einem Wort.

Welche Anlaute fehlen hier? Setze sie ein und schreibe jedes Wort mit ihrem Begleiter auf.

R ucksack

__ ofa

__ anane

__ elefon

__ opf

Der Rucksack

Wie heißen diese Sachen? Sieh dir die Schilder der Lernmonster genau an.
Ordne die Wörter nach ihren Anlauten in die Spalten.

Anlaute

Welche Bilder passen zum vorgegebenen Anlaut? Kreuze an.

B

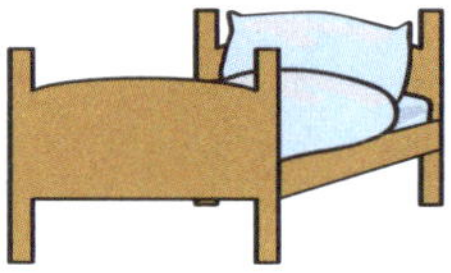

F

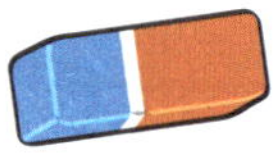

K

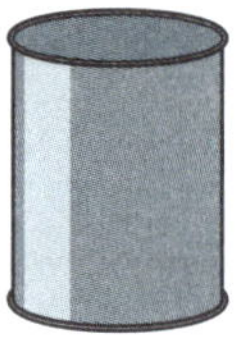
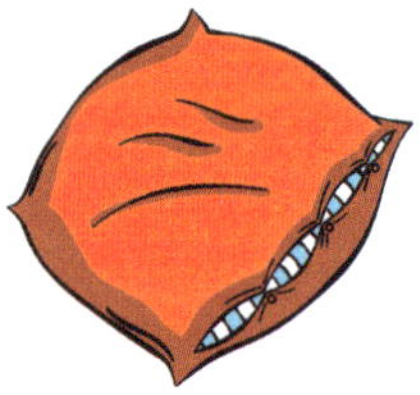

Wie lautet der Anlaut des Wortes Lernmonster? Setze ein.

Male alle Tiere bunt aus, die als Wort T oder W im Anlaut haben.

Schreibe alle Tiernamen mit den Anlauten T und W auf die Linien.

Rätsel

Schreibe zu jedem Bildchen den Anfangsbuchstaben in das Kästchen darunter.
Trage die Lösungswörter in die Zeilen ein. Lies den Lösungssatz laut vor.

Lösungswörter:

Trage die Lösungswörter in die Kästchen ein. Schreibe die Anlaute nacheinander in die Kästchen unten. Welches Wort kommt dabei heraus?

Die Nase des Elefanten. R _ _ _ _ _

Es hat vier Räder. _ _ _ _

Ein Säugetier im Wasser. _ _ _ _ _ _

Er hat Stacheln. _ _ _ _

Er macht iah! _ _ _ _

Man trägt ihn am Finger. _ _ _ _

Sie hat einen sehr langen Hals. _ _ _ _ _ _ _

Sie macht tick-tack. _ _ _

Sie mag Käse. _ _ _ _

Er leuchtet am Nachthimmel. _ _ _ _

Sie ist von Wasser umgeben. _ _ _ _ _

Lösungswort:

_ _ _ _ _ _ _ _ _ _ _

Einzahl und Mehrzahl

Was kommt nur einmal vor? Trage diese Wörter bei Einzahl ein. Was kommt mehrmals vor? Trage diese Wörter bei Mehrzahl ein.

viele Wolken

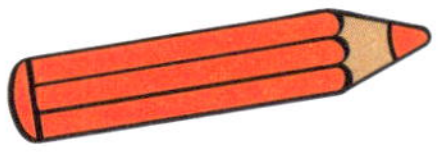

ein Stift

eine Blume

eine Maus

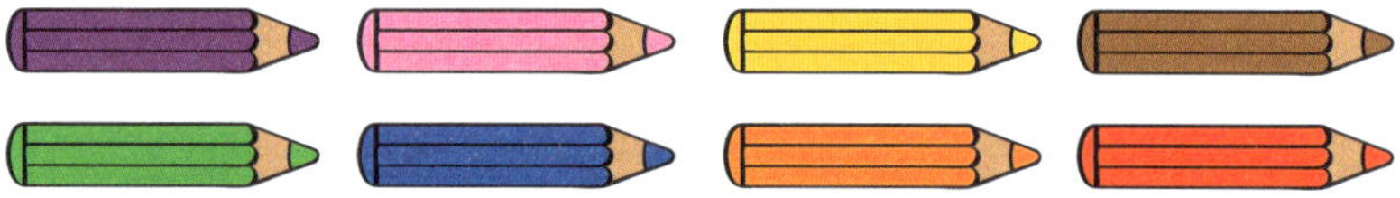

viele Stifte

viele Blumen

eine Wolke

viele Mäuse

Einzahl

Mehrzahl

Bilde Pärchen aus Einzahl und Mehrzahl. Verbinde die Paare durch Linien.

die Tasse

der Hund

das Haus

die Tasche

der Baum

die Häuser

die Taschen

die Bäume

die Hunde

die Tassen

Schreibe die Pärchen nebeneinander auf.

Einzahl und Mehrzahl

Schreibe zu jeder Mehrzahl die Einzahl mit seinem Begleiter dazu.

Einzahl		Mehrzahl
		die Fahrräder
		die Stühle
		die Töpfe
		die Hüte

Schreibe zu jeder Einzahl die Mehrzahl mit seinem Begleiter dazu.

Einzahl		Mehrzahl
der Tisch		
die Uhr		
die Hand	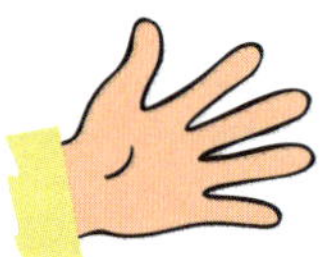	
der Ast		

Trage die fehlenden Buchstaben und die fehlenden Begleiter ein.

	Einzahl	Mehrzahl
	der Apfel	die ___ pfel
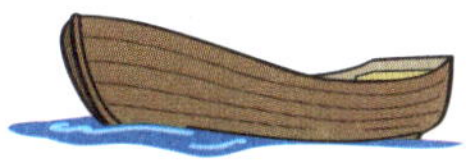	___ ___ ___ Boot	die Bo ___ t ___
	der Stuhl	die St ___ hl ___
	___ ___ ___ Bär	___ ___ ___ B ___ re ___

Kreise alle Dinge ein, die es mehr als einmal gibt. Schreibe die Wörter auf die Linien.

die

Einzahl und Mehrzahl

Verbinde jedes Wort mit einem Schildchen und bilde so die passende Mehrzahl.

Bett	e
Spiel	en
Kind	n
Schule	e
Tier	n
Straße	er
Decke	e
Boot	n

Schreibe die vollständigen Wörter auf die Linien.

Ergänze die Lücken.

das Brot 	die _ _ _ _ _ 
die _ _ _ _ _ 	die Kerzen 
_ _ _ _ _ _ _	die Hefte 
der Ball 	die _ _ _ _ _
_ _ _ _ Murmel 	die _ _ _ _ _ _ _
_ _ _ _ _ _ _ _ _	die Schuhe 

Schreibe jedes Wortpaar mit seinem Begleiter in Einzahl und Mehrzahl auf.

Einzahl	Mehrzahl
das Brot	die Brote

Rätsel

Suche die Mehrzahl zu diesen Wörtern im Gitterrätsel: Katze, Zug, Turm, Garten.
Kreise sie ein und schreibe sie auf die Zeilen unten.

K	E	K	T	F	Z	J	Ö
A	Ä	Z	Ü	G	E	S	A
T	G	Ä	R	T	E	N	B
Z	B	G	M	K	O	L	P
E	A	L	E	A	W	Y	U
N	M	Ü	L	H	W	E	H
P	D	L	Z	U	G	X	U
R	M	K	A	T	Z	E	G

Schreibe immer die Mehrzahl zum Ratewort in die Kästchen.

1. Ein Tier, das quakt.
2. Sie schmeckt sehr sauer.
3. Man schreibt mit Kreide darauf.
4. Sie ist spitz und man näht damit.
5. Damit kämmst du dir die Haare.
6. Darin legen Vögel ihre Eier.

Lösungswort:

Reimwörter

Was reimt sich? Verbinde jedes Bild mit seinem Reimwort und schreibe beide Pärchen auf die Linien unten.

Zange

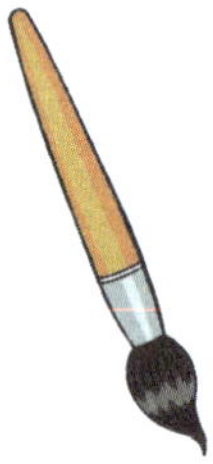

Seife

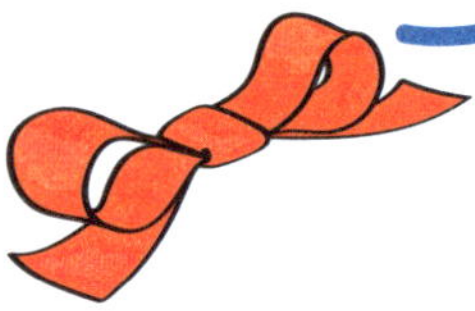

Fliege

Tanne

Insel

Schleife, Seife.

Was siehst du auf den Bildern? Ergänze jeden Satz mit dem passenden Reimwort.

Hinter dem Zaun steht ein _ _ _ _ _.

Das Reh trinkt aus dem _ _ _.

Eine Maus streicht ihr _ _ _ _.

Der Hase macht eine lange _ _ _ _.

Auf dem Dach machen zwei Möwen _ _ _ _ _.

Rätsel

Löse das Bilderrätsel und schreibe immer zwei Reimwörter in eine Zeile.

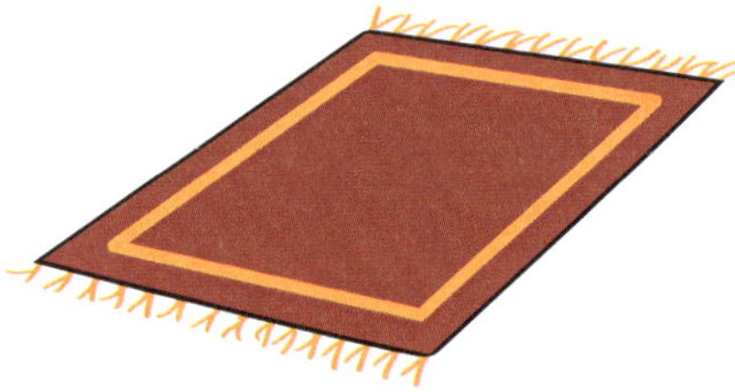

~~T~~=R, ~~pp~~=tt

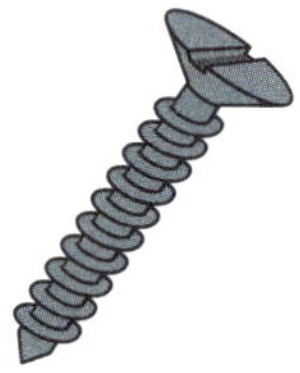

~~Schr~~=L

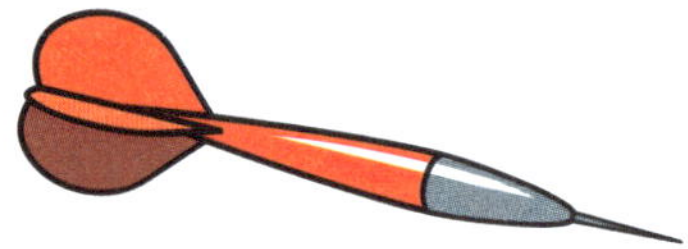

~~Pf~~=S

~~S~~=T

~~B~~=Schr

~~Fl~~=T

~~F~~=T

~~Gl~~=S

~~B~~=T

Lösungswörter:

Silben

Verbinde immer zwei Silben durch eine Linie zu einem Wort. Schreibe jedes Wort mit seinem Begleiter noch einmal vollständig auf.

Ti | fe | ge

Bir

Ham | ger

mer

Af | Au

sel

Schlüs | ne

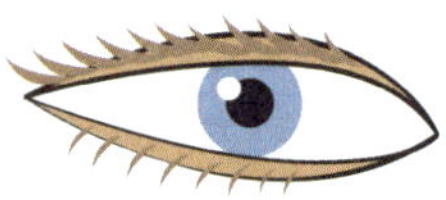

Rätsel

1. Dadurch scheint die Sonne ins Haus.
2. Er schmeckt süß und kommt von den Bienen.
3. Daraus macht man Pullover.
4. Sie sieht aus wie eine Biene.
5. Du brauchst ihn, um Suppe zu essen.
6. Man kann auf ihr hochsteigen.
7. Eine erfundene Geschichte zum Vorlesen.
8. Babys brauchen sie.

Fens
chen
del
Wes
Löf
le
ter
nig
fel
Ho
Wol
pe
Lei
Mär
Win
ter

Lösungswort:

Sätze verbinden

Verbinde immer zwei Teile durch eine Linie zu einem Satz.

Die Kinder spielen

Der Junge liest

Ein Vogel sitzt

Der Hund frisst

auf einem Ast.

aus einem Napf.

ein Buch.

in der Sandkiste.

Schreibe die vollständigen Sätze noch einmal auf.

Sätze ergänzen

In jedem Satz fehlt ein Wort. Kannst du es ergänzen? Schreibe jeden Satz noch einmal auf.

Ein Frosch _ _ _ _ _ auf einem Blatt.

Das Mädchen _ _ _ _ _ _ _ Blumen.

Am Himmel scheint die _ _ _ _ _ .

Zwei Spatzen bauen ein _ _ _ _ .

Sätze bilden

Ordne die Satzteile und bilde so ganze Sätze. Schreibe die Sätze auf.

Tom   ein Fahrrad   sich   wünscht

in der   Bello   Hundehütte   schläft

Kuchen   backt   einen   Oma

aus der   Das Baby   trinkt   Flasche

die Zähne sich Susi putzt

an einer Der Papagei Erdnuss knabbert

Der Bäcker Brot verkauft

schreibt in Anna ihr Schulheft

Rätsel

Schreibe zuerst auf, was du auf den Bildern siehst.

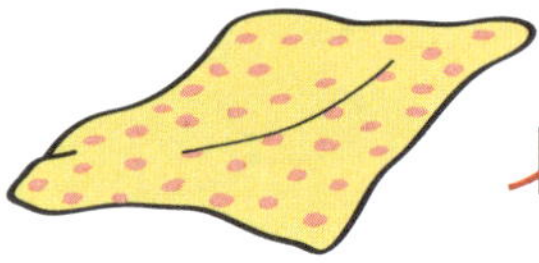

~~D~~=Schn

~~T~~=K

~~a~~=ei

~~H~~=M, ~~u~~=o

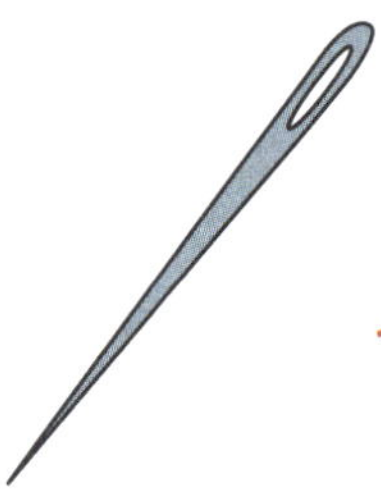

~~d~~=c, ~~e~~=h, ~~l~~=t

Löse jetzt das Bilderrätsel und trage die Lösungswörter in die Lücken ein.

Die _ _ _ _ _ _ _ _ schläft in ihrem Haus

und streckt am Tag den _ _ _ _ hinaus.

Am Abend lädt sie Freunde ein, es kommt sogar

ein kleines _ _ _ _ _ _ _ .

Sie spielen und schwatzen, sie kichern und schmatzen.

Erst als der _ _ _ _ am Himmel lacht,

sagen sie sich gute _ _ _ _ _!

Sp und St

Welche zwei Teile ergeben ein ganzes Namenwort? Setze Sp oder St an den Wortanfang. Schreibe die gefundenen Wörter auf die Zeilen.

~~Sp~~ St Sp St St Sp

arschwein reichholz iegelei ~~ange~~ rumpf iefel

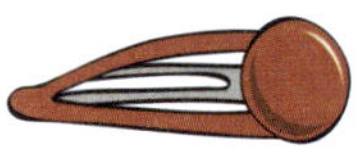

Spange

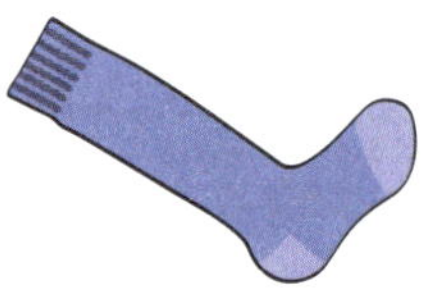

Kennst du auch Tuwörter, die mit sp und st beginnen? Fülle die Lücken aus.

__ __ reiten

__ __ ringen

__ __ ricken

__ __ reicheln

__ __ rechen

__ __ ucken

__ __ oßen

__ __ ielen

Rätsel

1. Viele Kinder mögen dieses grüne Gemüse nicht.
2. Ein großer Vogel mit schwarz-weißem Gefieder.
3. Bauernhoftiere wohnen darin.
4. Darauf steht, welche Schulfächer du hast.
5. Damit essen die Menschen in China und Japan.
6. Sie funkeln am Nachthimmel.
7. Mädchen spielen gerne damit.

1 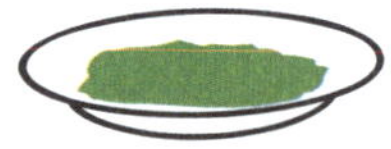

4 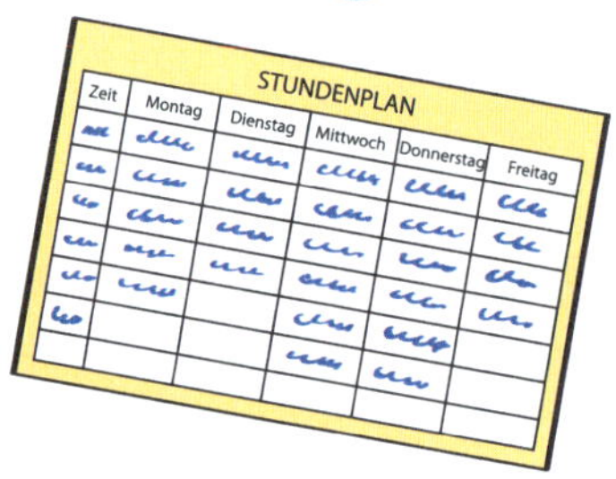

5 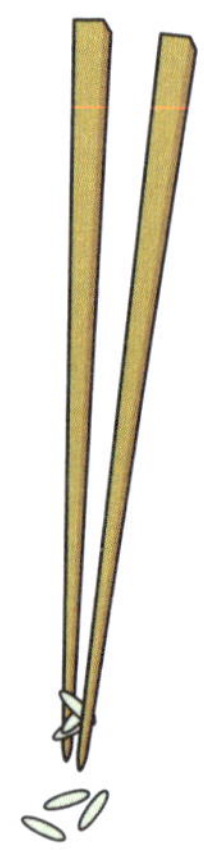

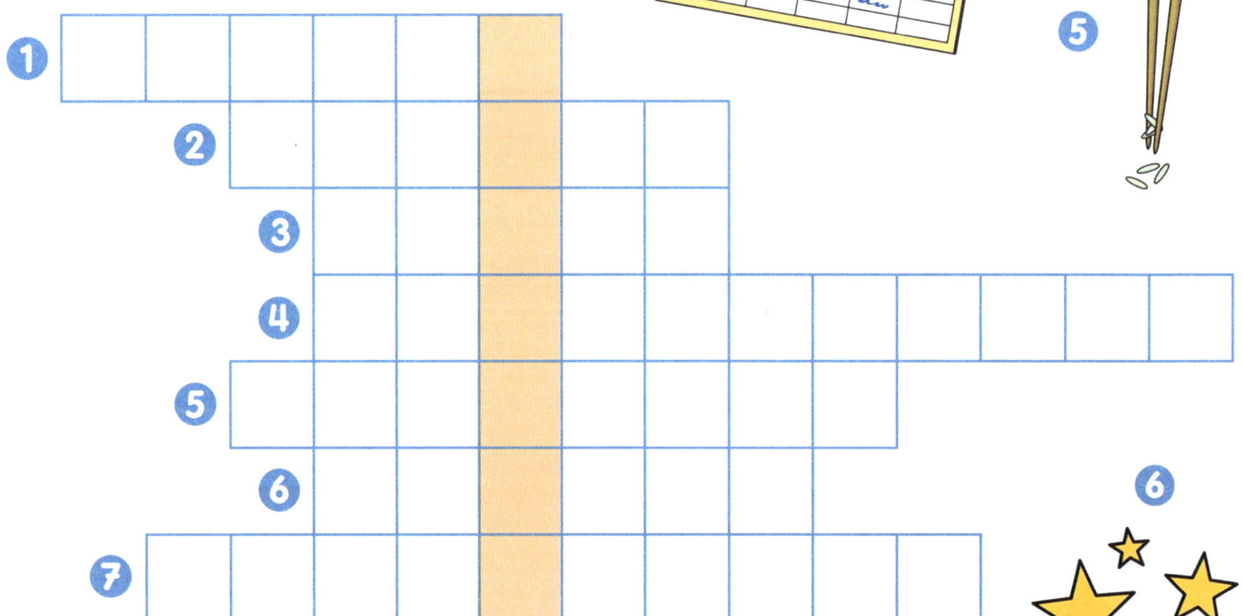

6 

Lösungswort:

Lösungen Seite 2 – 17

Jedes Namenwort wird am Anfang groß geschrieben. Ein Namenwort kann eine Sache oder ein Lebewesen sein.

Verbinde jedes Bild mit dem passenden Namenwort durch eine Linie.

Ball Reh Wolke Löwe Fisch

Schreibe alle Namenwörter noch einmal auf.

Ball Fisch
Löwe Reh
Wolke

2

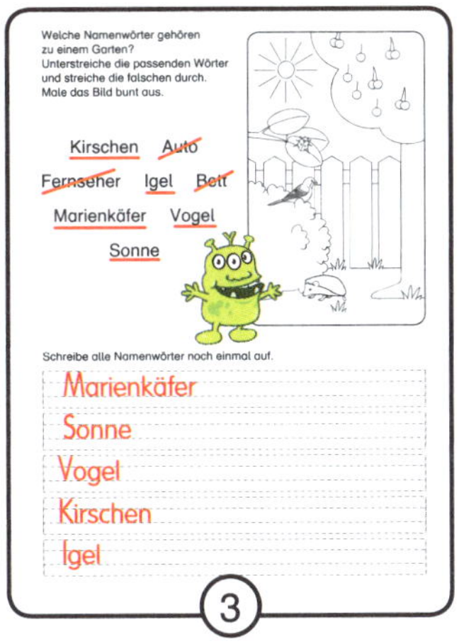
Welche Namenwörter gehören zu einem Garten? Unterstreiche die passenden Wörter und streiche die falschen durch. Male das Bild bunt aus.

Kirschen ~~Auto~~
~~Fernseher~~ Igel ~~Bett~~
Marienkäfer Vogel
Sonne

Schreibe alle Namenwörter noch einmal auf.

Marienkäfer
Sonne
Vogel
Kirschen
Igel

3

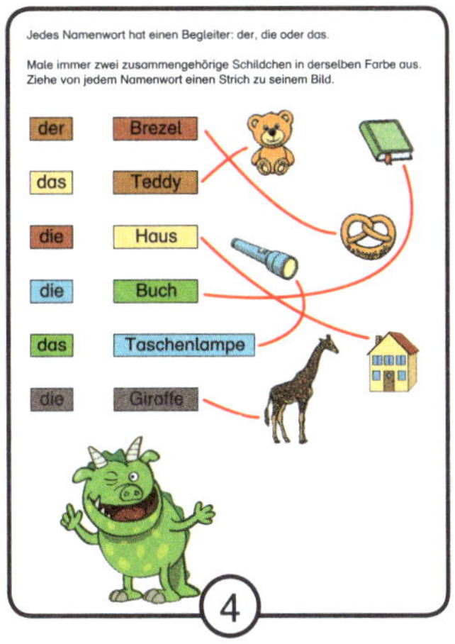
Jedes Namenwort hat einen Begleiter: der, die oder das.

Male immer zwei zusammengehörige Schildchen in derselben Farbe aus. Ziehe von jedem Namenwort einen Strich zu seinem Bild.

der – Brezel
das – Teddy
die – Haus
die – Buch
das – Taschenlampe
die – Giraffe

4

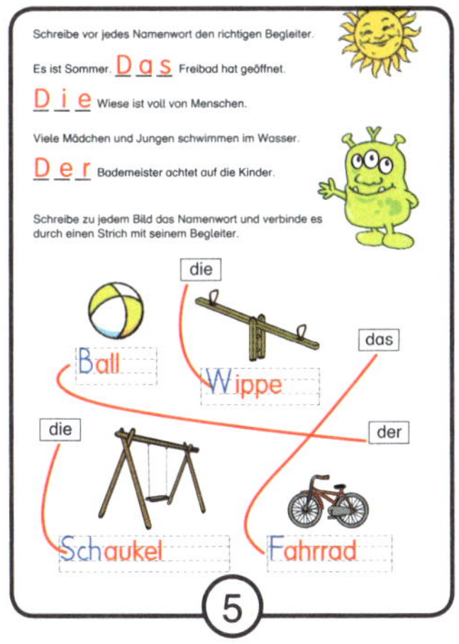
Schreibe vor jedes Namenwort den richtigen Begleiter.

Es ist Sommer. D a s Freibad hat geöffnet.

D i e Wiese ist voll von Menschen.

Viele Mädchen und Jungen schwimmen im Wasser.

D e r Bademeister achtet auf die Kinder.

Schreibe zu jedem Bild das Namenwort und verbinde es durch einen Strich mit seinem Begleiter.

die das der die

Ball Wippe Schaukel Fahrrad

5

Was trinken Kinder im Sommer besonders gern? Löse das Rätsel und schreibe das Lösungswort auf die Linien. Welcher ist sein Begleiter?

1 PINSEL
2 FISCH
3 LAMPE
4 OHR
5 BIENE
6 MAUS
7 MOND
8 KOFFER

die LIMONADE

6

Beim Teekesselchen-Spiel hat ein Wort zwei Bedeutungen. Trage das richtige Namenwort in die Zeilen ein.

Birne
Löffel
Pfeife
Maus
Schloss
Nagel

7

Tuwörter werden klein geschrieben. Sie zeigen das an, was jemand tut.

Was tut ein Bauarbeiter? Kreuze die Sätze mit den passenden Tuwörtern an. Male das Bild bunt aus.

- [x] Er sägt.
- [x] Er hämmert.
- [ ] Er fliegt.
- [x] Er schraubt.
- [ ] Er weint.
- [x] Er bohrt.

Auch ein Lernmonster ist manchmal ein Handwerker! Schau dir das Bild genau an. Setze dann das richtige Tuwort und das richtige Namenwort in die Lücken.

Es hämmert
mit dem Hammer.

8

Streiche immer ein unpassendes Tuwort in jeder Reihe durch.

springen laufen kriechen ~~riechen~~
rechnen ~~schlecken~~ schreiben malen
~~trinken~~ essen mampfen futtern
rufen sprechen ~~suchen~~ flüstern

Was tun die Lernmonster?
Schreibe das Tuwort auf die Linien.

Sie winken.

9

Setze die Tuwörter so in die Lücken ein, damit ein richtiger Satz entsteht.

riechen schlecken suchen trinken

Das Reh riecht an einer Rose.
Die Kinder schlecken am Eis.
Der Esel trinkt aus dem Eimer.
Das große Lernmonster sucht das kleine Lernmonster.

10

Jedes Tier macht ein Geräusch. Doch welches Geräusch gehört zu welchem Tier? Schreibe immer zwei Sätze zu jedem Tuwort.

bellen summen brummen ~~brüllen~~ singen

Der Löwe brüllt.
Der Löwe kann brüllen.
Der Vogel singt.
Der Vogel kann singen.
Die Biene summt.
Die Biene kann summen.
Der Bär brummt.
Der Bär kann brummen.
Der Hund bellt.
Der Hund kann bellen.

11

Was tust du im Badezimmer? Füge zu jedem Namenwort ein Tuwort hinzu. Die Bilder helfen dir beim Raten.

Hände waschen
Nägel schneiden
Zähne putzen
Haare kämmen

12

Ersetze die Bilder durch die Namenwörter und verbinde sie mit den Buchstaben davor und dahinter. Welche Tuwörter ergeben sich? Schreibe sie auf die Linien.

1. sp … en
2. h … n
3. b … en
4. ein … n
5. b … ßen

Lösungswörter:

1. springen
2. heulen
3. bohren
4. einigeln
5. beißen

13

Wiewörter werden klein geschrieben. Sie beschreiben, wie eine Sache oder ein Lebewesen ist.

Lies die Sätze und unterstreiche die Wiewörter darin.

Der Apfel ist grün.
Der Clown ist fröhlich.
Der Koffer ist schwer.
Der Ofen ist warm.

Welche Farbe hat das Lernmonster?
Schreibe das Wiewort auf die Linien.

grün

14

Finde das passende Wiewort zu jedem Bild und schreibe es auf die Linien daneben. Streiche jedes benutzte Wort in der oberen Reihe durch.

~~salzig~~ ~~langsam~~ ~~hell~~ ~~heiß~~ ~~leicht~~ ~~scharf~~

heiß
leicht
scharf
salzig
hell
langsam

Was für ein langer Satz! Trenne jedes Wort mit einem Strich. Welches sind die Wiewörter? Schreibe sie noch einmal auf die Linien.

DAS/LERNMONSTER/IST/FRÖHLICH/WEIL/
ES/EINEN/ROTEN/LUFTBALLON/HAT.

fröhlich rot

15

Zu jedem Wiewort in einem farbigen Ballon gibt es ein Wiewort in einem weißen Ballon, das genau das Gegenteil bedeutet. Suche die Paare. Male die weißen Ballons so aus, dass jedes Paar die gleiche Farbe hat.

Fällt dir noch ein Gegensatz ein? Sieh dir die beiden Lernmonster genau an. Was fällt dir auf? Trage zwei Wiewörter ein.

groß
klein

16

Schreibe immer das gegensätzliche Wiewort auf die Linien.

langsam schnell
gut böse
warm kalt
hell dunkel
neu alt

Wo stecken die Wiewörter krank, frech, lieb und müde? Suche von oben nach unten und von links nach rechts. Kreise die Wörter ein und schreibe sie noch einmal auf die Linien.

K	E	K	L	F	G
R	Ä	D	I	M	S
A	F	R	E	C	H
N	B	G	B	K	L
K	A	L	M	A	W
I	M	Ü	D	E	L

KRANK
FRECH
LIEB
MÜDE

17

Lösungen Seite 18 – 33

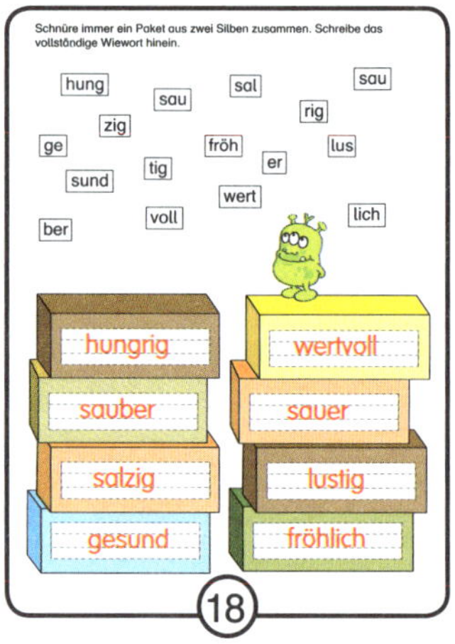

Schnüre immer ein Paket aus zwei Silben zusammen. Schreibe das vollständige Wiewort hinein.

hung sau sal sau zig rig ge fröh lus tig er sund wert voll lich ber

hungrig
wertvoll
sauber
sauer
salzig
lustig
gesund
fröhlich

18

Hilf den Lernmonstern, das Rätsel der Buchstabensuppen zu lösen!

s a D — u H a s

Es ist ein Begleiter. Das
Es ist ein Namenwort. Haus

i t s — b n u t

Es steht bei einem Wiewort. ist
Es ist ein Wiewort. bunt

Gut gemacht! Jetzt kannst du das Bild ausmalen.

19

Die Laute a, ä, e, i, o, ö, u und ü werden Selbstlaute genannt. Schreibe unter jedes Bild nur die Selbstlaute des Wortes auf.

Löwe: ö e
Pilz: i
Giraffe: i a e
Würfel: ü e
Bär: ä
Igel: i e

Da fehlt doch was! Ergänze die richtigen Selbstlaute.

Tisch Brezel Regenwurm Brötchen

20

Sprich das Wort zu jedem Bild laut aus. Schreibe die Selbstlaute auf. Welche Wörter haben nur einen Selbstlaut? Kreuze an.

o X
e e
i e
i X
a e

Male alle Selbstlaute aus.

A B F T M
E H I U P
I S O A X

21

Alle Laute, die nicht zu den Selbstlauten gehören, werden Mitlaute genannt.

Das Lernmonster möchte für sein Abendessen Mitlaute angeln. Finde alle Mitlaute und male sie bunt aus.

B I Ü U G D P A O W X S F E

Welche Mitlaute fehlen? Trage in die Lücken ein.

Guten Appetit!

22

Schreibe die Wörter zu den Bildern auf und unterstreiche alle Mitlaute.

Teller
Messer
Gabel
Glas

23

Schreibe zu jedem Bild das Wort mit seinem Begleiter auf. Ändere den Mitlaut am Anfang des Wortes und schreibe das neue Wort daneben auf.

W=T
H=Z
S=K
H=V
R=H
G=F

24

Lösungswörter:

Der Wurm	Der Turm
Der Hahn	Der Zahn
Der Sessel	Der Kessel
Der Hase	Die Vase
Die Rose	Die Hose
Die Glocke	Die Flocke

25

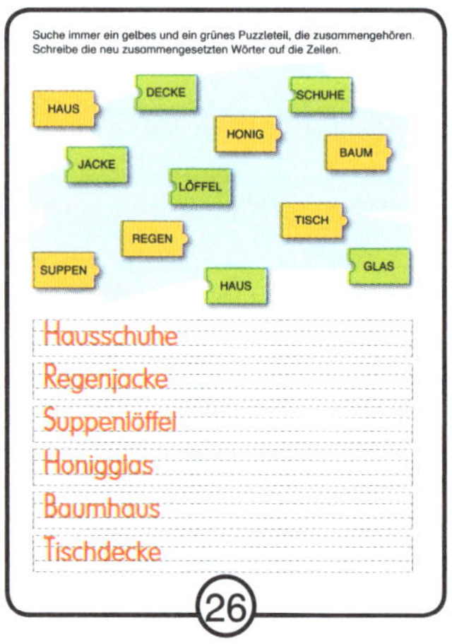

Suche immer ein gelbes und ein grünes Puzzleteil, die zusammengehören. Schreibe die neu zusammengesetzten Wörter auf die Zeilen.

HAUS DECKE SCHUHE HONIG BAUM JACKE LÖFFEL TISCH REGEN SUPPEN HAUS GLAS

Hausschuhe
Regenjacke
Suppenlöffel
Honigglas
Baumhaus
Tischdecke

26

Schreibe unter die Bilder das zusammengesetzte Namenwort.

Regenbogen
Löwenzahn
Vogelnest
Apfelkuchen
Froschkönig

27

Wie heißt das vollständige Namenwort? Ergänze die Lücken.

Regenschirm
Hausdach
Zirkusclown
Goldfisch
Salzbrezel
Indianerhäuptling

28

Gartenzaun
Segelschiff

Welches Wort wollen die Lernmonster zusammensetzen?

Turmuhr

29

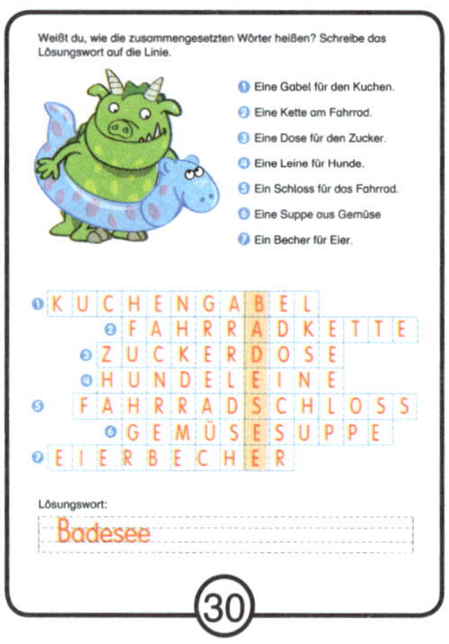

Weißt du, wie die zusammengesetzten Wörter heißen? Schreibe das Lösungswort auf die Linie.

1. Eine Gabel für den Kuchen.
2. Eine Kette am Fahrrad.
3. Eine Dose für den Zucker.
4. Eine Leine für Hunde.
5. Ein Schloss für das Fahrrad.
6. Eine Suppe aus Gemüse.
7. Ein Becher für Eier.

1 KUCHENGABEL
2 FAHRRADKETTE
3 ZUCKERDOSE
4 HUNDELEINE
5 FAHRRADSCHLOSS
6 GEMÜSESUPPE
7 EIERBECHER

Lösungswort: Badesee

30

Nanu, diese Wörter gibt es doch gar nicht! Trenne sie und setze sie neu zusammen. Wie lauten die Wörter richtig? Schreibe sie auf.

Spinnenball — Spinnennetz
Kuhstuhl — Kuhglocke
Tintensaft — Tintenfass
Fußglocke — Fussball
Tomatenfass — Tomatensaft
Schaukelnetz — Schaukelstuhl

31

Der Anlaut ist der erste Laut in einem Wort.

Welche Anlaute fehlen hier? Setze sie ein und schreibe jedes Wort mit ihrem Begleiter auf.

Rucksack Sofa Banane Telefon Topf

Der Rucksack
Das Sofa
Die Banane
Das Telefon
Der Topf

32

Wie heißen diese Sachen? Sieh dir die Schilder der Lernmonster genau an. Ordne die Wörter nach ihren Anlauten in die Spalten.

G H M — Z D L

Gabel	Zebra
Geschenk	Zahnbürste
Hut	Delfin
Möwe	Löwe

33

Lösungen Seite 34 – 49

34

Weiche Bilder passen zum vorgegebenen Anlaut? Kreuze an.

B: X, X
F: X, X
K: X, X

L

Wie lautet der Anlaut des Wortes Lernmonster? Setze ein.

35

Male alle Tiere bunt aus, die als Wort T oder W im Anlaut haben.

Schreibe alle Tiernamen mit den Anlauten T und W auf die Linien.

Wal
Wellensittich
Tintenfisch
Tiger

36

Schreibe zu jedem Bildchen den Anfangsbuchstaben in das Kästchen darunter. Trage die Lösungswörter in die Zeilen ein. Lies den Lösungssatz laut vor.

I C H   K A N N

S C H O N

S C H R E I B E N

Lösungswörter:

ICH KANN
SCHON SCHREIBEN.

37

Trage die Lösungswörter in die Kästchen ein. Schreibe die Anlaute nacheinander in die Kästchen unten. Welches Wort kommt dabei heraus?

Die Nase des Elefanten. R Ü S S E L
Es hat vier Räder. A U T O
Ein Säugetier im Wasser. D E L F I N
Er hat Stacheln. I G E L
Er macht iah! E S E L
Man trägt ihn am Finger. R I N G
Sie hat einen sehr langen Hals. G I R A F F E
Sie macht tick-tack. U H R
Sie mag Käse. M A U S
Er leuchtet am Nachthimmel. M O N D
Sie ist von Wasser umgeben. I N S E L

Lösungswort:

R A D I E R G U M M I

38

Was kommt nur einmal vor? Trage diese Wörter bei Einzahl ein. Was kommt mehrmals vor? Trage diese Wörter bei Mehrzahl ein.

viele Wolken, ein Stift, eine Blume, eine Maus, viele Stifte, viele Blumen, eine Wolke, viele Mäuse

Einzahl	Mehrzahl
ein Stift	viele Stifte
eine Blume	viele Blumen
eine Maus	viele Mäuse
eine Wolke	viele Wolken

39

Bilde Pärchen aus Einzahl und Mehrzahl. Verbinde die Paare durch Linien.

die Tasse, der Hund, das Haus, die Tasche, der Baum
die Häuser, die Taschen, die Bäume, die Hunde, die Tassen

Schreibe die Pärchen nebeneinander auf.

die Tasse die Tassen
der Hund die Hunde
das Haus die Häuser
die Tasche die Taschen
der Baum die Bäume

40

Schreibe zu jeder Mehrzahl die Einzahl mit seinem Begleiter dazu.

Einzahl	Mehrzahl
das Fahrrad	die Fahrräder
der Stuhl	die Stühle
der Topf	die Töpfe
der Hut	die Hüte

Schreibe zu jeder Einzahl die Mehrzahl mit seinem Begleiter dazu.

Einzahl	Mehrzahl
der Tisch	die Tische
die Uhr	die Uhren
die Hand	die Hände
der Ast	die Äste

41

Trage die fehlenden Buchstaben und die fehlenden Begleiter ein.

Einzahl	Mehrzahl
der Apfel	die Äpfel
das Boot	die Boote
der Stuhl	die Stühle
der Bär	die Bären

Kreise alle Dinge ein, die es mehr als einmal gibt. Schreibe die Wörter auf die Linien.

die Bienen
die Wolken
die Vögel

42

Verbinde jedes Wort mit einem Schildchen und bilde so die passende Mehrzahl.

Bett, Spiel, Kind, Schule, Tier, Straße, Decke, Boot
e, en, n, e, n, er, e, n

Schreibe die vollständigen Wörter auf die Linien.

Betten Spiele
Kinder Schulen
Tiere Straßen
Decken Boote

43

Ergänze die Lücken.

das Brot – die Brote
die Kerze – die Kerzen
das Heft – die Hefte
der Ball – die Bälle
die Murmel – die Murmeln
der Schuh – die Schuhe

Schreibe jedes Wortpaar mit seinem Begleiter in Einzahl und Mehrzahl auf.

Einzahl	Mehrzahl
das Brot	die Brote
die Kerze	die Kerzen
das Heft	die Hefte
der Ball	die Bälle
die Murmel	die Murmeln
der Schuh	die Schuhe

44

Suche die Mehrzahl zu diesen Wörtern im Gitterrätsel: Katze, Zug, Turm, Garten. Kreise sie ein und schreibe sie auf die Zeilen unten.

K	E	K	T	F	Z	J	Ö
A	Ä	Z	Ü	G	E	S	A
T	G	Ä	R	T	E	N	B
Z	B	G	M	K	O	L	P
E	A	L	E	A	W	Y	U
N	M	Ü	L	H	W	E	H
P	D	L	Z	U	G	X	U
R	M	K	A	T	Z	E	G

Katzen
Züge
Türme
Gärten

45

Schreibe immer die Mehrzahl zum Ratewort in die Kästchen.

1. Ein Tier, das quakt.
2. Sie schmeckt sehr sauer.
3. Man schreibt mit Kreide darauf.
4. Sie ist spitz und man näht damit.
5. Damit kämmst du dir die Haare.
6. Darin legen Vögel ihre Eier.

1 F R Ö S C H E
2 Z I T R O N E N
3 T A F E L N
4 N A D E L N
5 K Ä M M E
6 N E S T E R

Lösungswort:

R O L L E R

46

Was reimt sich? Verbinde jedes Bild mit seinem Reimwort und schreibe beide Pärchen auf die Linien unten.

Zange, Seife, Fliege, Tanne, Insel

Schleife, Seife.
Pinsel, Insel
Ziege, Fliege
Pfanne, Tanne
Schlange, Zange

47

Was siehst du auf den Bildern? Ergänze jeden Satz mit dem passenden Reimwort.

Hinter dem Zaun steht ein Baum
Das Reh trinkt aus dem See
Eine Maus streicht ihr Haus
Der Hase macht eine lange Nase
Auf dem Dach machen zwei Möwen Krach

48

Löse das Bilderrätsel und schreibe immer zwei Reimwörter in eine Zeile.

T=R, pp=tt
Schr=L
Pf=S
S=T
B=Schr
Fl=T
F=T
Gl=S
B=T

49

Lösungswörter:

Teppich Rettich
Schraube Laube
Pfeil Seil
Sonne Tonne
Bank Schrank
Flasche Tasche
Fisch Tisch
Glocke Socke
Buch Tuch

Lösungen Seite 50 – 60

50

Verbinde immer zwei Silben durch eine Linie zu einem Wort. Schreibe jedes Wort mit seinem Begleiter noch einmal vollständig auf.

Ti · Bir · fe · ge · ger · Ham · mer · Af · Au · sel · Schlüs · ne

der Affe
der Schlüssel
das Auge
der Tiger
die Birne
der Hammer

51

1. Dadurch scheint die Sonne ins Haus.
2. Er schmeckt süß und kommt von den Bienen.
3. Daraus macht man Pullover.
4. Sie sieht aus wie eine Biene.
5. Du brauchst ihn, um Suppe zu essen.
6. Man kann auf ihr hochsteigen.
7. Eine erfundene Geschichte zum Vorlesen.
8. Babys brauchen sie.

Fens · chen · del · Wes · Löf · le · ter · nig · fel · Ho · Wol · pe · Lei · Mär · Win · ter

1 FENSTER
2 HONIG
3 WOLLE
4 WESPE
5 LÖFFEL
6 LEITER
7 MÄRCHEN
8 WINDEL

Lösungswort: NILPFERD

52

Verbinde immer zwei Teile durch eine Linie zu einem Satz.

Die Kinder spielen · Der Junge liest · Ein Vogel sitzt · Der Hund frisst · auf einem Ast. · aus einem Napf. · ein Buch. · in der Sandkiste.

Schreibe die vollständigen Sätze noch einmal auf.

Die Kinder spielen in der Sandkiste.
Der Junge liest ein Buch.
Ein Vogel sitzt auf einem Ast.
Der Hund frisst aus einem Napf.

53

In jedem Satz fehlt ein Wort. Kannst du es ergänzen? Schreibe jeden Satz noch einmal auf.

Ein Frosch s i t z t auf einem Blatt.
Ein Frosch sitzt auf einem Blatt.

Das Mädchen p f l ü c k t Blumen.
Das Mädchen pflückt Blumen.

Am Himmel scheint die S o n n e.
Am Himmel scheint die Sonne.

Zwei Spatzen bauen ein N e s t.
Zwei Spatzen bauen ein Nest.

54

Ordne die Satzteile und bilde so ganze Sätze. Schreibe die Sätze auf.

Tom · ein Fahrrad · sich · wünscht
Tom wünscht sich ein Fahrrad.

in der · Bello · Hundehütte · schläft
Bello schläft in der Hundehütte.

Kuchen · backt · einen · Oma
Oma backt einen Kuchen.

aus der · Das Baby · trinkt · Flasche
Das Baby trinkt aus der Flasche.

55

die Zähne · sich · Susi · putzt
Susi putzt sich die Zähne.

an einer · Der Papagei · Erdnuss · knabbert
Der Papagei knabbert an einer Erdnuss.

Der Bäcker · Brot · verkauft
Der Bäcker verkauft Brot.

schreibt in · Anna · ihr Schulheft
Anna schreibt in ihr Schulheft.

56

Schreibe zuerst auf, was du auf den Bildern siehst.

D=Schn – Decke
T=K – Topf
a=ei – Schwan
H=M, u=o – Hund
d=c, e=h, l=t – Nadel

57

Löse jetzt das Bilderrätsel und trage die Lösungswörter in die Lücken ein.

Die S c h n e c k e schläft in ihrem Haus und streckt am Tag den K o p f hinaus.
Am Abend lädt sie Freunde ein, es kommt sogar ein kleines S c h w e i n.
Sie spielen und schwatzen, sie kichern und schmatzen.
Erst als der M o n d am Himmel lacht, sagen sie sich gute N a c h t.

58

Welche zwei Teile ergeben ein ganzes Namenwort? Setze Sp oder St an den Wortanfang. Schreibe die gefundenen Wörter auf die Zeilen.

Sp · St · Sp · St · Sp · St
arschwein · reichholz · iegelei · ange · rumpf · iefel

Spange
Strumpf
Sparschwein
Stiefel
Streichholz
Spiegelei

59

Kennst du auch Tuwörter, die mit sp und st beginnen? Fülle die Lücken aus.

s t reiten
s p ringen
s t ricken
s t reicheln
s p rechen
s p ucken
s t oßen
s p ielen

60

1. Viele Kinder mögen dieses grüne Gemüse nicht.
2. Ein großer Vogel mit schwarz-weißem Gefieder.
3. Bauernhoftiere wohnen darin.
4. Darauf steht, welche Schulfächer du hast.
5. Damit essen die Menschen in China und Japan.
6. Sie funkeln am Nachthimmel.
7. Mädchen spielen gerne damit.

1 SPINAT
2 STORCH
3 STALL
4 STUNDENPLAN
5 STÄBCHEN
6 STERNE
7 SPRINGSEIL

Lösungswort: TRAUBEN